·······························

························•••••••••••·········

· · · · · · · · · · · · ● ● ● ● · · · · · · · · ·

· · · · · · · · · · · · · · ● ● ● ● ● ● ● ● ● ● · · · · · · · · · · ·

······································